Arthur Nithack

Darstellung und Kritik der Lehre Leibniz von der menschlichen Wahlfreiheit

Arthur Nithack

Darstellung und Kritik der Lehre Leibniz von der menschlichen Wahlfreiheit

ISBN/EAN: 9783743485952

Hergestellt in Europa, USA, Kanada, Australien, Japan

Cover: Foto ©ninafisch / pixelio.de

Weitere Bücher finden Sie auf **www.hansebooks.com**

Darstellung und Kritik
der Lehre Leibniz'
von der menschlichen Wahlfreiheit.

Inaugural-Dissertation

zur

Erlangung der Doktorwürde

der hohen Philosophischen Fakultät

der

vereinigten Friedrichs-Universität Halle-Wittenberg

vorgelegt von

Arthur Nithack
aus Berlin.

Halle a. S.
Hofbuchdruckerei von C. A. Kaemmerer & Co.
1893.

Dem Andenken

meiner teuren, unvergesslichen Eltern

in ewiger Liebe und Dankbarkeit

gewidmet.

Es ist häufig das Schicksal schöpferischer Ideen gewesen, sich ihre Anerkennung und Geltung nicht in stetig fortschreitendem Masse zu erwerben, sondern gleichsam in kurvenartigen Windungen, im Wechsel von Aufstieg und Niedergang erobern zu müssen. So ist es auch der an bahnbrechenden Gedanken so überaus reichen Philosophie des grossen Leibniz ergangen. Das Zeitalter des Rationalismus steht unter ihrem Zeichen und wird von ihren Prinzipien geleitet. Christian Wolf, das geistige Haupt der Rationalisten, wurde der systematische Darsteller des Leibniz'schen Lehrsystems. Von Leibniz-Wolf ist dann weiterhin auch Kant, der Begründer des kritischen Idealismus in seinen Anfängen ausgegangen. Erst im weiteren Verlaufe seines Entwicklungsganges befreit sich Kant mehr und mehr von dem Einfluss der Leibniz'schen Philosophie, ohne sich indessen je aller dorther stammender Anregungen und Impulse zu entschlagen. Sind dieselben auch in ihrer anerkannten Geltung beseitigt, so wirken sie dennoch latent fort. Ja, gerade einige der zentralen Ideen des Kantischen Systems scheinen in ihrer keimhaften Anlage auf Leibniz zurückzuweisen, und die neuere Forschung hat wohl nicht Unrecht, wenn sie in dem Kantischen „Ding an sich" eine nur unwesentlich modifizierte Gestalt der Leibniz'schen Monade wiedererkennen zu müssen glaubt. Auf Kant folgt der spekulative Idealismus Fichtes, Schellings und Hegels sowie andrerseits der Realismus Herbarts.

Auch in ihren Systemen — in dem Entwicklungsgedanken, der die Hegel'sche Methode beherrscht, in den Monaden Herbarts — erkennt man die Motive Leibnizens wieder, aber doch so, dass der Leibniz'sche Standpunkt im Ganzen als ein überwundener galt. Erst nach dem Zerfall des Hegelschen Systems begann man direct wieder auf Leibniz zurückzugreifen und seine originellen Ideen aufs neue zu Ausgangspunkten der Forschung zu machen. Besonders seit Hermann Lotze sind die Begriffe der Krafteinheiten, der Zweckursachen und einer idealistisch-optimistischen Weltanschauung, wie Leibniz sie vertrat, wieder entschieden zu Recht und Anerkennung gelangt. Man hat auch den philosophischen Schriften Leibniz' in neuen Ausgaben[1]) eine ernstere Sorgfalt zugewandt, und Niemand bestreitet heute, dass in seinen Ansichten die fruchtbarsten Keime zur Lösung der auch die Gegenwart beschäftigenden Probleme liegen. Nichtsdestoweniger muss aber die von den Gegnern der Leibniz'schen Philosophie so oft betonte und gerügte Thatsache bestehen bleiben, dass ein hervorragend ungünstiges Charakteristikum der Leibniz'schen Philosophie in dem Mangel an geschlossener Systembildung zu suchen sei[2]). Auch der grösste Organismus vermag doch nur bis zu einem gewissen Punkte Gegensätze in sich zu vereinigen. Leibniz wollte die beiden grossen im Widerstreit liegenden Richtungen seiner Zeit, die theistische Theologie und die in Isaak Newton gipfelnde mathematisch-empirische Naturforschung zu einem harmonischen Ganzen verschmelzen und der Rechtfertiger von Vernunft und Glauben zugleich sein. Um eine solche Aufgabe, die wohl dem menschlichen Forschungsdrange einen unauflöslichen Rest zurücklassen wird, in allen ihren Teilen mit Glück durchzuführen, dazu

---

1) Die neueste und vollständigste Ausgabe ist die von C. J. Gerhardt: Die philosophischen Schriften von G. W. Leibniz, Berlin 1875—85. 7 Bände. Auf diese Ausgabe beziehen sich unsere Citate.

2) Vgl. Guhrauer: Gottfried Wilhelm Freiherr von Leibniz. Eine Biographie. Breslau 1842.

reichte auch die Genialität eines Leibniz nicht hin. Daher
das oftmals Widersprecheude, Inkonsequente und Unfertige
seiner Forschungsresultate[1]; das Einzelne als Baustein
trefflich verwertbar, das Ganze in seinen Teilen wider-
streitend und auf den Betrachter disharmonisch wirkend.
Diese Thatsache wird wohl durch nichts so deutlich bestätigt wie durch die Lehren Leibniz' von der menschlichen
Wahlfreiheit[2]), jenem neben der Frage nach der Realität
der Aussenwelt wichtigsten Problem der philosophischen
Forschung aller Zeiten und Völker. Unsere Untersuchung
wird neben des referierenden Darstellung dieses Kapitels
der Leibniz'schen Philosophie zugleich den kritischen Nach-
weis zu liefern suchen, wie gerade hier der Philosoph in
höchst augenfälliger Weise an dem Streben, die Grund-
sätze der exakten empirischen Forschung auch auf das
innerste Gebiet des Seelenlebens zu übertragen und hiermit zugleich die Forderungen unseres Gemüts in einer von
der Theologie bestimmt postulierten Weise zu vereinigen,
gescheitert ist.

Versuchen wir zunächst aus den sich in Leibniz'
philosophischen Schriften zerstreut vorfindenden Äusserungen
ein möglichst objectives Bild von der menschlichen Willens-
oder Wahlfreiheit, wie sie sich nach Leibniz' Auffassung
darstellt, zu gewinnen, so gelangen wir zu folgenden
Resultaten Die konsequentere Anschauungsweise unseres
Philosophen, die erst nachträglich durch ethische Bedenken
eine Korrektur erfährt, ergiebt sich aus den metaphysischen

---

1) Vgl. Zeller: Geschichte der deutschen Philosophie seit Leibniz.
München 1875, S. 72: „Vieles allerdings hat er unausgeführt oder halb
vollendet gelassen; manche seiner wichtigsten Gedanken hat er nur in
kurzem Umriss oder nur beiläufig, im Zusammenhang anderweitiger Unter-
suchungen, entwickelt, sein ganzes System nicht zum äusseren Abschluss
und in schulgemässe Lehrform gebracht".

2) Schopenhauer nennt unseren Philosophen in seiner Preisschrift
über die Willensfreiheit „ein schwankes Rohr im Winde" in Bezug auf
seine Lehre von der Willenfreiheit und beschuldigt ihn der „wider-
sprechendsten Äusserungen".

Grundprinzipien seines Systems. Oberstes Prinzip der
Welt und Quelle alles Daseienden ist die theistisch d. h.
persönlich gedachte und mit den realen oder guten Eigenschaften der Menschennatur in eminentem und absolutem
Masse ausgestattete Gottheit [1]. Die Regel aber, nach
welcher alles Werden sich vollzieht, ist der Satz vom zureichenden Grunde, unter welchem für Leibniz nicht bloss
das Kausalitätsgesetz im engeren Sinne oder die Wirkur-
sachen „causes efficientes", sondern ebenso auch die
Zweckursachen „causes finales" zu subsumieren sind [2].
Dieses Gesetz, dass alles, was ist, durch etwas anderes
ist, also in diesen voraufgehenden Anderen seinen zureichenden Grund hat, duldet keine Ausnahme „rien n'arrive
jamais sans cause ou raison determinante" [3]) und hat in
seiner Allgemeinheit auch für die Gottheit unbedingte
Gültigkeit [4]). Das zeitliche Werden aber stellt sich in den

---

1) Théod. II, § 7. Gerh. Bd. VI, S. 106: Dieu est la première raison
des choses. Monad. § 38 f. Gerh. VI, 613: Et c'est ainsi que la dernière
raison des choses doit être dans une substance necessaire, dans laquelle
le detail des changemens ne soit qu' eminemn.ent, comme dans la source,
et c'est que nous appelons Dieu. ibid. § 48 Gerh. VI, S. 129. Principes de
la nature et de la grace § 13 Gerh. VI, S. 604. Lettre à Bayle, Gerh. III, 54:
C'est Dieu qui est la dernière raison des choses. De rerum originatione
radicali, Gerh. VII, S. 305: Deus essentiae omnis existentiaeque ceterorum
fons.

2) Monad. § 36 Gerh. VI, 612 13. Mais la raison suffisante se doit
aussi trouver dans les vérités contingentes ou de fait. Il y a une infinité
de figures et de mouvemens presens et de passés, qui entrent dans la
cause efficiente de mon ecriture presente, et il y a une infinité des
petites inclinations et dispositions de man ame, présentes et passées, qui
entrent dans la cause finale.

3) Lettre à Coste, Gerh. III, 402. Die Hauptstelle über den Satz
vom zur. Grunde befindet sich Monad. § 32 Gerh. VI, 612: en vertu du
principe de la raison suffisante nous considérons qu'aucun fait ne sauroit
se trouver vrai ou existant, aucune énonciation véritable, sans qu'il y ait
une raison suffisante, pourquoi il en soit ainsi et non pas autrement.

4) Monad. § 53 Gerh. VI, 615 16: il faut qu'il y ait une raison
suffisante du choix de Dieu, qui le determine à l'un plutôt qu'à l'autre
(Univers.) Vgl. Théod. II, § 8, 10, 44, 173, 196 ff, 229, 414—416 Gerh. VI,
S. 107, 108, 127, 217, 232 ff, 254, 362—64.

beiden Formen des äusseren und inneren Geschehens, in
den Bewegungen der Körper- und in den Vorstellungen
der Geisterwelt dar, und sonach muss auch dem Kausalitätsgesetz eine zwiefache, aber in gleicher Weise unbedingte
Geltung zugeschrieben werden. Leibniz hat nun freilich
für die Allgemeingültigkeit dieses Gesetzes keinen Beweis
beigebracht oder beizubringen vermocht, sondern sich mit
dem einfachen Hinweise auf dasselbe als auf eine durch
die Erfahrung in der allerumfassendsten und unwider-
sprechlichsten Weise dargebotene Thatsache begnügt[1]).
Eine tiefere Fassung des Kausalitätbegriffs und genauere
Untersuchung desselben nach der Seite seines objektiven
Bestandes oder seiner bloss subjektiven Gültigkeit hin, wie
dieselbe späterhin durch Hume in so erfolgreicher Weise
angebahnt wurde[2]), suchen wir bei Leibniz vergebens. Er
fasst jenes Gesetz im Sinne und nach Analogie des ge-
sunden Menschenverstandes als eine objektive Notwendigkeit der Verbindung zweier zeitlich succedierenden Dinge.
Als solch objektives Prinzip aber hat der Satz vom zureichenden Grunde bei Leibniz unbeschränkte Geltung und
lässt für den Begriff eines grundlosen, unbedingten Geschehens oder der Freiheit nicht den mindesten Raum
„il ne souffre aucune exception"[3]). Daher muss auch das
menschliche Handeln sowohl in seinen Erfolgen und
Wirkungen nach aussen hin wie in seiner subjektiven Entstehung durch Willensimpulse und Entschluss als ein

---

1) Vgl. Théod. II, 44 Gerh. VI, 127: et quoyque le plus souvent ces
raisons determinantes ne nous soyent pas assés connues, nous ne laissons
pas d'entrevoir qu'il y en a Lettre V à Clarke § 125 Gerh. VII, S. 419.
   2) Vgl. Zeller a. a. O., S. 317/18; 337 8; 409/10. Schopenhauer, Vierf.
Wurzel des Satzes vom zureich. Grunde § 12: „Hume war der Erste, dem
es einfiel, zu fragen, woher denn dieses Gesetz der Kausalität seine Auk-
torität habe, und die Kreditive derselben zu verlangen. Sein Ergebnis,
dass die Kausalität nichts weiter als die empirisch wahrgenommene und
uns gewöhnlich gewordene Zeitfolge der Dinge und Zustände sei, ist
bekannt".
   3) Théod. II, 44 Gerh. VI, 127.

durchweg vom Kausalitätsgesetz beherrschtes und in die
fortlaufende Kette von Ursachen und Wirkungen ver-
flochtenes betrachtet werden. Mit einem Wort, die Annnhme
der menschlichen Wahlfreiheit oder eines grundlosen Entschliessens und Handelns der Seele ist mit der Überzeugung
von einer durchgreifenden, absoluten Herrschaft des Satzes
vom zureichenden Grunde unvereinbar, und Leibniz selbst
hat dies an unzähligen Stellen seiner Schriften ausgesprochen [1]). Die Seele ist für ihn, in der konsequenten
Auffassung seines Systems, wie er es mit Spionza ausge-
drückt hat, in der That nichts als ein geistiger Automat
„l'âme humaine est une espèce d'automate spirituel"[2]).
Leibniz ist Determinist, strengster Determinist, schon aus
diesem einen Grunde der von ihm behaupteten absoluten
Herrschaft des Kausalitätsgesetzes.

Hierzu gesellen sich dann noch andere Grundvoraussetzungen seines Systems. Das Handeln jedes einzelnen
Wesens, d. h. der jeder Einzelsubstanz immanente Ablauf
von Vorstellungen, in welchem sich das Universum von
einem gewissen Gesichtspunkt aus spiegelt, und somit der
Zusammenklang aller zu einer einzigen grossen Totalwirkung
beruht auf der von Gott prästabilierten Harmonie[3]). Die

---

1) Théod. II, 2 Gerh. VI, 103: tout est lié parfaitement dans l'ordre
des choses, puisque rien ne sauroit arriver, sans qu'il y ait une cause
disposée comme il faut à produire l'effect. Mon. § 32 Gerh. VI, 612. Lettre
à Coste, Gerh. III, 402: c'est un des plus grands principes du bon sens,
que rien n'arrive jamais sans cause ou raison determinante. V Lettre à
Clarke, Gerh. VII, S. 419: Ce principe est celui du besoin d'une Raison
suffisante, pour qu'une chose existe, qu'un événement arrive, qu'une vérité
ait lieu. Lettre à Remond, Gerh. III, 674: rien n'arrive sans une raison
suffisante.

2) Théod. II, 52 Gerh. VI, 131; ebenso Théod. II, 403 Gerh. VII, S. 356.
Der Ausdruck „automate spirituel" geht auf Spinoza zurück, welcher auch
schon die Seele bezeichnete als „automatum spirituale" (de intell. emend.
XI, 85).

3) So sagt Leibniz Théod. II, 62 Gerh. VI. 136 7: Ainsi étant
d'ailleurs persuadé du principe de l'Harmonie en général, et par conséquent
de la préformation et de l'Harmonie préétablie de toutes choses entre elles,

Güte und Weisheit Gottes hat ihn die beste aller möglichen Welten wählen lassen, und seine Wahl diese Welt aus dem idealen ins reale Dasein, oder der blossen Möglichkeit in die Entelechie oder Wirklichkeit übergeführt. In dieser besten aller Welten ist alles bis aufs kleinste von Gott genau vorhergesehen und geordnet: „Dieu y a tout reglé par avance une fois pour toutes[1]“; denn auch die kleinste Abweichung würde seinen Plan zerstören und seine Wahl illusorisch machen[2]). In dem kritischen Teil unserer Arbeit werden wir näher ins Auge zu fassen haben, ob sich mit dieser streng prästabilierten Ordnung der Begriff der menschlichen Freiheit, das grundlose Entschliessen handelnder Wesen verträgt.

Endlich musste auch der eminent theistisch gedachte Gott der Leibniz'schen Philosophie massgebend für seine deterministische Anschauung sein. Der Gott Leibniz' ist

---

entre la nature et la grace, entre les décrets de Dieu et nos actions prévues, entre toutes les parties de la matière et même entre l'avenir et le passé, le tout conformement à la souveraine sagesse de Dieu, dont les ouvrages sont les plus harmoniques qu'il soit possible de concervir; je ne pouvais manquer de venir à ce système, qui porte que Dieu a creé l'ame d'abord de telle façon, qu'elle doit se produire et se representer par ordre ce qui se passe dans le corps; et le corps aussi de telle façon qu'il doit faire de soy même ce que l'ame ordonne. Monad. § 57 Gerh. VI, 616; Mon. § 63 Gerh. VI, 618; Principes de la nature et de la grace § 12 Gerh. VI. S. 603. Lettre à Remond, Gerh. III, 636: chaque Monade est un miroir de l'Univers suivant son point de veue. — Or il n'est pas possible que l'Univers entier ne soit pas bien reglé. Lettre à Lady Masham, Gerh. III, 340/41; Lettre à Sophie Charlotte reine de Prusse, Gerh. III, 374.

1) Théod II. 9 Gerh. VI, 107; Principes de la nature et de la grace § 13 Gerh. VI S. 603.

2) Vgl. Zeller a.a.O., S. 132: Diese Übereinstimmung ist augenscheinlich nur dann möglich, wenn in der ursprünglichen Welteinrichtung die ganze weitere Entwicklung unabänderlich vorgebildet ist; wäre dagegen auch nur die kleinste Abweichung von dem einmal vorgezeichneten, bei der Weltschöpfung in Aussicht genommenen Weltlauf möglich, so wäre der ganze kunstvolle Plan unwiderbringlich gestört, und es wäre nichts geringeres, als eine Umschaffung aller Monaden, notwendig, um die universelle Harmonie wiederherzustellen.

nicht der Gott des rationalen Deismus, der nur ein über-
weltliches, selbstzufriedenes Dasein führt und das „All von
aussen stösst", sondern die miteingreifende, konkurrierende
Ursache alles Geschehens, dessen Thätigkeit für jedes
Einzelwesen eine erneute Schöpfung bedeutet. Speziell
für den Menschen aber ist er der Hervorbringer alles
Realen in seinen Handlungen, also von stetem deter-
minierendem Einflusse auf die besondere Qualität unserer
Willensäusserungen [1]). So wurde auch von dieser Seite
seiner philosophisch-theologischen Anschauungsweise Leibniz
zum Determinismus hingetrieben.

Alle diese drei in seiner Philosophie liegenden und
mit grösserer oder geringerer Klarheit und Eindringlichkeit
auch von ihm selbst zur Geltung gebrachten treibenden
Gründe seines Determinismus hat Leibniz dann gleichzeitig
durch ebensoviel Gegenmomente wieder ausser Wirksam-

---

1) Denn bei unserem Philosophen heisst es Théod. II, 27 Gerh. VI, 119:
il faut savoir que la conservation de Dieu consiste dans cette influence
immediate perpetuelle, que la dépendance des créatures demande. Cette
dépendance a lieu à l'égard non seulement de la substance, mais encore
de l'action et on ne sauroit peut-être l'expliquer mieux, qu'en disant avec
le commun des Théologiens et des Philosophes, que c'est une création
continuée. Vgl. Théod. II, 298 Gerh. VI, 293: ce qui est positif (de la
volonté) est en effet creé continuellement par le concours de Dieu, comme
toute autre realité absolue des choses. Causa Dei § 9 Gerh. VI, 440:
Actualia dependent a Deo tum in existendo tum in agendo, nec tantum
ab Intellectu eius, sed etiam a Voluntate. Et quidem in existendo, dum
omnes res a Deo libere sunt creatae, atque etiam a Deo conservantur;
neque male docetur, conservationem divinam esse continuatam creationem,
ut radius continue a sole prodit, etsi creaturae neque ex Dei essentia
neque necessario promanent. § 10: In agendo res dependent a Deo, dum
Deus ad rerum actiones concurrit, quatenus inest actionibus aliquid perfectionis, quae utique a Deo manare debet. Diese Äusserungen über die
beständige Mitwirkung Gottes finden wir noch an vielen Stellen wiederholt,
so z. B. in der Théod. II, § 382—391 Gerh. VI, 342—347; Monad. § 47
Gerh. VI, 614; und ein erst durch Gerhardt 1887 zum Druck gelangtes
Manuscript enthält Gerh. III, 29 die fast wörtliche Wiederholung der aus
der Causa Dei citierten Stelle.

keit zu setzen oder wenigstens zu korrigieren gesucht.
Hiervon sogleich näheres.

Zunächst aber kommt unser Philosoph hier noch als
Determinist in Frage, und wir werden sehen, wie derselbe
auch negativ seine deterministische Anschauung gegen die
Einwürfe der Gegner zu verteidigen gesucht hat. Gerade
dies zeugt davon, wie innig Leibniz selbst ursprünglich
und in der konsequenteren Richtung seines Denkens von
der Wahrheit des Determinismus überzeugt war, und wie
sehr er an demselben festzuhalten trachtete. Cartesius
und einzelne seiner Anhänger hatten die Thatsache der
menschlichen Wahlfreiheit aus der Evidenz der inneren
Erfahrung, aus dem unmittelbaren Bewusstsein abzuleiten
gesucht [1]. Ein jeder fühle sich in seinen Entschlüssen mit
solcher Stärke der Überzeugung frei, dass jeder Zweifel
hieran eine völlige Absurdität genannt werden müsse.
Leibniz hat in Entgegnung hierauf keineswegs all die
Scheingründe aufgedeckt, die zu diesem täuschenden Bewusstsein den Anlass geboten haben, aber doch in einem
Punkte den Hebel der Kritik in sehr nachhaltiger und
positiv wirksamer Weise angesetzt. Er hat gezeigt, dass
sehr wohl Unkenntnis der in uns wirkenden Ursachen
unserer Handlungsweise in unseren Augen den Schein der
Freiheit hervorzubringen vermöchte, und den direkten Beweis
hierfür mit Hülfe seiner psychologischen Grundannahmen

---

1) Cartesius behauptete Princ. phil. I, 41 : Libertatis autem et iu-
differentiae, quae in nobis est, nos ita conscios esse, ut nihil sit, quod
evidentius et perfectius comprehendamus. Leibniz bespricht und widerlegt
diese Behauptung Théod. II, 50 (Gerh.VI, 130 ; ferner Théod. II, 292, Gerh.VI,
290 : A cela Monsieur Descartes repondit, que nous sommes asseurés de cette
providence (de Dieu) par la raison, mais que nous sommes assurés aussi
de nostre liberté par l'expérience intérieure que nous en avons. Théod. II, 299
Gerh. VI, 293 : M. Bayle combat le pretendu sentiment vif de la liberté,
qui la doit prouver chés les Cartesiens. Théod. II, 305 (Gerh. VI, 297 : la
manière des Cartesiens (nannte es Bayle) de prouver la liberté par le
sentiment vif de nostre indépendance.

zu liefern unternommen. Aus dem Kausalitätsgesetz folgte
für Leibniz das Gesetz der Kontinuität oder Stetigkeit,
sowohl des räumlich Koexistierenden wie des zeitlich
Succedierenden. Es ist kein zureichender Grund vorhanden,
dass zwei Dinge zugleich seien oder auf einander folgen,
wenn nicht zwischen ihnen eine ununterbrochene Ver-
mittelung oder ein kontinuierliches Band aus unendlich
kleinen, stetig zusammenhängenden Teilchen vorhanden
ist: „tout va par degrés dans la nature et rien par saut,
et cette regle à l'égard des changemens est une partie de
ma loy de la continuite¹)." Dieses Gesetz, auf das psychologische Gebiet übertragen, ergiebt die Lehre von den unbewussten Vorstellungen²). Ausserdem bleibt nach dem
Gesetz von der Erhaltung der Kraft, welches aus den
Voraussetzungen der Monadenlehre unmittelbar hervorgeht
und zugleich mit dem Gesetz der Stetigkeit von Leibniz
zuerst in die Naturwissenschaft eingeführt ist³), die Ge-
samtsumme der lebendigen Kräfte unveränderlich, so
dass die Wirkung der Ursache an Kraft gieich ist „Il s'y
conserve la même quantité de la force totale et absolue,
ou de l'action; la même quantité de la force respective,
ou de la reaction; la même quantité enfin de la force
directive. De plus l'action est toujours égale à la reaction,

---

1) Nouveaux Essais IV. Ch. 16 § 12, Gerh. V, 455.
2) N. E. Preface, Gerh. V, 49: En un mot les perceptions insen-
sibles sont d'un aussi grand usage dans la Pneumatique, que les corpus-
cules dans la Physique; et il est également déraisonnable de rejetter les
uns et les autres, sous prétexte qu'elles sont hors de la portée de nos
sens. Rien ne se fait tout d'un coup, et c'est une de mes grandes maximes
et des plus verifiées, que la nature ne fait jamais des sauts. J'appellois
cela la loi de la continuité.
3) Zeller sagt a.a.O.S. 102 : „Näher sind es zwei durchgreifende Gesetze,
welche Leibniz durch seine dynamische Auffassung der Natur gewonnen
und in dieser grundsätzlichen Fassung zuerst in die Naturwissenschaft
eingeführt hat: das Gesetz der Stetigkeit und das Gesetz der Erhaltung
der Kraft".

et l'effet entier est toujours equivalent à sa cause pleine" [1]).
Allerdings kennt Leibniz nur die mechanische Form der
Krafterhaltung und lässt einen Eindruck auf einen Körper
nur in den Wirbelbewegungen „tourbillons" ohne Aufhören
fortbestehen [2]), während die moderne Forschung erkannt
hat, dass die mechanische Form zum grössten Teil mit der
molekularen vertauscht, und das Fortbestehen der Kraft
nicht allein in den mechanischen Bewegungen und
Schwingungen, sondern vor allem in der durch die Kom-
pression der Moleküle gewonnenen Wärme zu sehen ist [3]).
Innerhalb der Leibniz'schen Psychologie hat nun
dieses Gesetz auch für die Vorstellungsbewegung ent-
scheidende Kraft. Demnach bleibt jeder in unseren Be-
wusstseinsinhalt aufgenommene Eindruck in demselben,
wenn auch durch andere Geistesphänomene zurückgedrängt,
doch in unendlich verkleinertem Masse und somit als un-
bewusste Vorstellung erhalten, um dann gelegentlich einmal
seinen Einfluss auf andere zur Helle des Bewusstseins
gelangende Vorstellungen und Willensimpulse in verstärken-

---

1) Principes de la nature et de la grace § 11 Gerh. VI, 603. Vgl.
Lettre à Arnauld, Gerh. II, 137.

2) Vgl. N. E. II, Ch. I § 10 Gerh. V, 101: Une Substance, qui sera une
fois en action, le sera tousjours, car toutes les impressions demeurent et sont
mélées seulement avec d'autres nouvelles. Frappant un corps on y excite ou
determine plustost une infinité de tourbillons comme dans un liqueur, car dans
le fond tout solide a un degré de liquidité et tout liquide un degré de solidité,
et il n'y a pas moyen d'arrester jamais entierement ces tourbillons internes.
Vgl. Th III, 345 Gerh VI, 319: Je trouve qu'il se conserve la même
quantité de la force, tant absolue que directive et que respective, totale
et partiale.

3) Vgl. Helmholtz: „Über die Erhaltung der Kraft", Abschnitt IV:
„Das Kraftäquivalent der Wärme". Ferner Zeller a. a. O. S. 736: „Wenn
schon ein Leibniz in der Erhaltung der Kraft ein allgemeines Naturge-
setz erkannte, so hat doch erst die mechanische Wärmetheorie möglich
gemacht, dieses Gesetz, welches für die Metaphysik und die Psychologie
ebenso wichtig ist, wie für die Physik, genauer zu formulieren, wissen-
schaftlich sicher zu stellen und anwendbar zu machen".

der oder abschwächender Richtung zur Geltung zu bringen.
„D' ailleurs il y a mille marques qui font juger qu'il y a
à tout moment une infinité de perceptions en nous, mais
sans apperception et sans reflexion, c'est à dire des
changemens dans l'ame même dont nous ne nous apper-
cevons pas, parceque les impressions sont ou trop petites
et en trop grand nombre ou trop unies, en sorte qu'elles
n'ont rien d'assez distinguant à part, mais jointes à d'autres,
elles ne laissent pas de faire leur effect et de se faire
sentir au moins confusement dans l'assemblage" [1]). Indem
dieser Einfluss infolge der Dunkelheit und Unbewusstheit
der wirkenden Vorstellung ein unmerklicher ist, entsteht
die Einbildung der Wahlfreiheit [2]). In Wirklichkeit macht
sich alles, was je an Neigungen, Leidenschaften, Vorstellungen in uns zur Realität gelangt ist, in seiner stetig
erhaltenen, aber abgeschwächten Qualität als Willensimpuls
geltend, und die Resultante aller dieser in verschiedener
Stärke wirkenden Strebungen und Widerstrebungen ist
dann der endgültige Entschluss [3]). So sucht Leibniz den
für die Freiheit des Menschen aus der Evidenz des Bewusstseins entnommenen Beweis zu entkräften.

1) N. E. Preface, Gerh. V, 46,47. Dasselbe sagt Leibniz N. E. II
Ch. 20, 56, Gerh. V, 152 53 und Lettre à Remond, Gerh III, 657. Vgl.
N. E. II, Ch. 1 § 11, Gerh. V, 103: il reste quelque chose de toutes nos
pensées passées et aucune n'en sauroit jamais estre effacée entièrement.

2) N. E. Preface, Gerh. V, 48: Ce sont ces petites perceptions qui
nous determinent en bien de rencontres sans qu'on y pense et qui trompent
le vulgaire par l'apparence d'une indifference d'equilibre, comme si nous
estions indifferens entierement de tourner (par exemple) à droit ou à
gauche. Noch ausführlicher spricht dies Leibniz aus N. E. II, Ch. 1 § 15,
Gerh. V, 105.

3) N. E. II Ch. 21 § 39, Gerh.V, 175: Plusieurs perceptions et inclinations
concourent à la volition parfaite, qui est le resultat de leur conflit. — Et
de toutes ces impulsions resulte enfin l'effort prevalente qui fait la Volonté
pleine. Théod. II, 80 Gerh.VI, 145 : Ainsi c'est le resultat de toutes les inclinations ensemble, qui fait sa volonté pleine et decretoire. Vgl. Remarques sur le Livre de l'origine du mal, Gerh. VI, 413.

Auch in der Widerlegung der von den Indeterministen, namentlich von Bayle hervorgehobenen Möglichkeit einer völligen Indifferenz oder eines völligen Gleichgewichts der Seele zwischen zwei zu wählenden Gegenständen zeigt Leibniz seine deterministische Richtung.
Einen Fall, wie ihn der bekannte Esel des Buridan bietet,
hält Leibniz für unmöglich, für chimärisch. Als Beweis,
hierfür giebt er erstens an, dass das Universum niemals
in zwei gleiche und ähnliche Hälften geteilt oder zer-
schnitten werden kann. „Le cas de l'âne de Buridan entre
deux prés, également porté à l'un et à l'autre", sagt Leibniz
gegen Bayle, „est une fiction qui ne sauroit avoir lieu dans
l'univers, dans l'ordre de la nature, quoique M. Bayle soit dans
un autre sentiment Car l'univers ne sauroit être miparti
par un plan tiré par le milieu de l'âne, coupé verticalement
suivant sa longueur, en sorte que tout soit egal et semblable
de la part et d'autre"[1]. Wirksamer aber als diesen künst-
lich herbeigeholten Beweis führt Leibniz gegen die Möglichkeit des Falls einer völligen Indifferenz oder eines
völligen Gleichgewichts der Seele zweitens seine Theorie
der unendlich kleinen oder unbewussten Vorstellungen ins
Feld. Denn von der Masse der gewissermassen hinter den
Coulissen des menschlichen Bewusstseins als Willensimpulse
agierenden Vorstellungen giebt die eine oder die andere,
wenn auch unbewusst und unbemerkt, sicherlich den Aus-
schlag. Dies spricht Leibniz am deutlichsten aus im Brief
an Coste, s. Gerh. III, 403: quoique nous ne soyons pas
toujours capables de nous appercevoir de toutes les petitis
impressions, qui contribuent à nous déterminer, il y a
toujours quelque chose qui nous détermine entre deux

1) Théod. II, 49 Gerh.VI, 129. Vgl. lettre à Coste, Gerh. III, 402: Le
cas d'un parfait equilibre est chimerique et n'arrive jamais, l'univers ne
pouvant point estre uy parti ny coupé en deux parties egales et semblables.

contradictoires, sans que le cas soit jamais parfaitement
egal de part et d'autre [1]".

Im übrigen aber kämpft Leibniz hier, wie von vorn-
herein bemerkt sei, gegen Windmühlen. Denn nicht die
Beweisbarkeit oder Unbeweisbarkeit der Existenz eines
völlig äquilibren Zustandes der Seele, in welchem gleich
starke Motive nach eutgegengesetzten Seiten wirken, ent-
scheidet zu Gunsten oder Ungunsten der Freiheitstheorie,
sondern einzig die Entscheidung der Frage, ob, unter
hypothetischer Annahme eines solchen Zustandes, die Seele
dennoch infolge grundloser Selbstbestimmung zur Entscheidung gelangen oder zur Passivität verurteilt sein würde.
Hätte Leibniz als konsequenter Determinist Farbe bekennen
wollen, so musste er sich unter Anerkennung der nicht
abzuleugnenden Möglichkeit des erwähnten Falls zu der
dann unfehlbar stattfindenden Folge völliger Passivität
unserer Seele bekennen. Aber Leibniz war eben nicht
Vertreter eines folgerichtigen Determinismus. sondern zugleich, und hiermit kommen wir zu dem zweiten Abschnitt
des darstellenden Teils unserer Arbeit, von dem Bestreben
erfüllt, seine in ihren Grundelementen- deterministische Ansicht mit den Lehren von der absoluten Wahlfreiheit oder
den Lehren des Indeterminismus zu versöhnen.

Notwendigkeit und Folge aus gegebener Ursache sind
korrelate Begriffe [2]). Da nun der Satz vom zureichenden Grunde in der Leibniz'schen Philosophie alles äussere
und innere Geschehen beherrscht, so muss auch alles

---

1) Vgl. N. E. II Ch. 21 § 36, Gerh. V, 174: nous ne sommes jamais
parfaitement en balance et ne saurions estre mi-partis exactement entre
deux cas; ibid. § 48 Gerh. V, 133: on n'est jamais indifferent à l'égard de
deux partis.

2) Schopenhauer sagt in seiner Preisschrift über die Freiheit des
Willens I, 1: „Notwendigkeit und Folge aus einem gegebenen zureichenden
Grunde sind Wechselbegriffe, d. h. überall kann der eine an die Stelle
des anderen gesetzt werden. — Jede Folge aus einem Grunde ist not-
wendig. und jede Notwendigkeit ist Folge aus einem Grunde". Vgl. s.
Abh.: Über die viert. Wurzel des Satzes vom zureichenden Grunde § 49.

notwendig sein. Nun jedoch spaltet Leibniz den Begriff
der Notwendigkeit in eine metaphysische, logische oder
mathematische Notwendigkeit auf der einen, und eine
hypothetische oder moralische Notwendigkeit auf der anderen
Seite „Il faut toujours distinguer la nécessité métaphysique
de la nécessité morale"[1]). Er thut dies, um den Begriff
der menschlichen Verantwortlichkeit oder Zurechnungs-
fähigkeit zu retten und damit Gott als den gütigen und
gerechten Gott der christlichen Religion und seines damit
korrespondierenden individuellen Glaubens von dem Vor-
wurf einer Urheberschaft des moralischen Übels gereinigt
erscheinen zu lessen. Das metaphysisch Notwendige
stützt sich nach ihm auf den Satz des Widerspruchs oder
der Identität, das hypothetisch oder moralisch Notwendige
allein auf den Satz des zureichenden Grundes[2]) Nur das
erstere ist absolut notwendig und schliesst, da sein Gegenteil einen Widerspruch enthält, also undenkar ist, die Mög-
lichkeis des Nicht- und Andersseins aus. Alle metaphysischen,
logischen und mathematischen Wahrheiten, das Dasein
Gottes sowohl wie die Gleichheit der Radien im Kreise,
sind absolut notwendig „les conséquences géometriques et
métaphysiques nécessitent[3]). Alle Einzeldinge dagegen.
sowie die sie beherrschenden Naturgesetze sind zwar nach
dem Princip des zureichenden Grundes sowohl unter einander als in und durch Gott bedingt, da seine Güte
und Weisheit ihn die Wahl des Besten treffen lassen

---

1) Théod. II, 310 Gerh. VI, 300. Vgl. auch Théod. I § 2, II § 37, 53,
174, 349, 367 Gerh. VI. S. 50, 123, 131, 218, 321, 333 und lettre V à Clarke
§ 4, Gerh VII, 389

2) Lettre à Clarke § 10 Gerh. VII, 390 heisst es: La nécessité
morale est heureuse, conforme à la perfection divine, conforme au grand
principe des existences, qui est celui du besoin d'une raison suffisante : au
lieu que la nécessité absolue et métaphysique défend de l'autre grand
principe de nos raisonnemens qni est celui des essences ; c'est à dire celui
de l'identité ou de la contradiction.

3) N. E. II Ch. 21 § 13 Gerh. V, 164.

mussten[1]), aber doch nur hypothetisch und moralisch notwendig; denn ihr Gegenteil schliesst keinen Widerspruch in sich.

Hiermit verbindet Leibniz dann noch häufig zur weiteren Verstärkung seiner Ansicht den Gegensatz der causes inclinantes und nécessitantes. Gott wurde zur Wahl der besten aller Welten, die neben unzähligen anderen Möglichkeiten in seinem Geiste ideal vorgebildet lag, nicht necessitiert, sondern nur incliniert, und ebenso darf man bei den Motiven der menschlichen Handlungen nur von einer hinneigenden, aber keiner nötigenden Kraft reden, „il y a toujours", sagt Leibniz unzweideutig Théod. II, 45 Gerh. VI, 127, „une raison prévalente qui porte la volonté à son choix, et il suffit pour conserver sa liberté que cette raison incline sans nécessiter. Dieu ne manque pas de choisir le meilleur, mais il n'est point contraint de le faire[2])". Es fallen diese Unterschiede nicht ganz mit der Unterscheidung einer absoluten oder metaphysischen und hypothetischen Notwendigkeit zusammen, und wir werden

---

1) Vgl. Monad. § 55 Gerh. VI, 616: Et c'est ce qui est la cause de l'Existence du Meilleur, que la sagesse fait connaître à Dieu, que sa bonté le fait choisir et que sa puissance le fait produire. Théod. II, 8 Gerh. VI, 107: Or cette supreme sagesse, jointe à une bonté qui n'est pas moins infinie qu'elle, n'a pu manquer de choisir le meilleur. Théod. II, 78, 80, 84, 119, 204, 206, 208 Gerh. VI, 144, 145, 147, 169, 238, 240, 241. Principes de la nature et de la grace § 10—13 Gerh. VI, 603/4.

2) Ebenso heisst es lettre à Coste, Gerh. III, 402: il y a toujours ce qui nous incline et nous fait choisir, mais sans qu'il nous puisse necessiter. Et comme Dieu est toujours porté infalliblement au meilleur, quoyqu'il n'y soit point porté necessairement (autrement que par une necessité morale), nous sommes toujours porté infalliblement à ce qui nous trappe le plus mais non pas necessairement. Causa Dei § 105 Gerh. VI, 454: licet enim numquam quicquam eveniat, quin eius ratio reddi possit, neque ulla unquam detur indifferentia acquilibrii .... dicendum tamen est, has determinationes esse tantum inclinautes non necessitantes, ita ut semper aliqua indifferentia sive contingentia sit salva. Vgl. ferner: N. E. II Ch. 21 § 8, Gerh. V, 161; Remarques sur le Livre de l'origine du mal § 19 Gerh. VI, 420; lettre V à Clarke § 8 Gerh. VII, 390

später noch eingehender darauf hinweisen, wie Leibniz
auf den Begriff der causes inclinantes wohl ursprünglich
nur auf rein psychologischem Gebiete geraten ist. Zur
Genüge aber geht aus den beiden letzten Abschnitten
hervor, dass und in welcher Weise Leibniz die von ihm
proklamierte absolute Herrschaft des Satzes vom zureichenden Grunde anderwärts wiederaufzuheben versucht hat.

Was nun die von Seiten der prästabilierten Harmonie
gegebene Nötigung zum Determinismus anbetrifft, so sucht
Leibniz derselben dadurch zu entgehen, dass er diese
Harmonie an vielen Orten seiner Schriften einseitig als eine
von Gott gesetzte Ordnung und Regelung des Geschehens
in der rein mechanischen Körperwelt auffasst[1]). Die Bewegungen der Körper sollen dem spontan erfolgenden
Verlauf der Vorstellungen in den geistigen Substanzen
genau angepasst sein, während, womit nun freilich überaus
viele an anderen Stellen sich findende Sätze Leibniz' im
Widerspruch stehen[2]), der von Gott gleichfalls prästabilierte
Vorstellungsverlauf der Geister mit einer gewissen Ab-
sichtlichkeit verdunkelt und in den Hintergrund gedrängt
wird[3]). Ja, Leibniz geht so weit, gerade sein System der

---

1) Th. II, 323 Gerh. VI, 308: il est vrai que la Forme ou l'Ame a
cet avantage sur la Matière, qu'elle est la source de l'action, ayant en
soi le principe du mouvement ou du changement; en un mot, τὸ αὐτο-
κίνητον, comme Platon l'appelle; au lieu que la matière est seulement
passive et a besoin d'être poussée pour agir.

2) Vgl. die Citate S. 10 Anm. 3.

3) Die vorwaltende Prästabiliertheit der mechanischen Welt zeigt
sich am schärfsten in der Stelle Théod. II, 66 Gerh. VI, 138 39: Car en
tant que l'ame a de la perfection et des pensées distinctes, Dieu a
accommodé le corps à l'ame et a fait par avance que le corps est poussé
à exécuter ses ordres: et en tant que l'ame est imparfaite, et que ses
perceptions sont confuses, Dieu a accommodé l'ame au corps, en sorte que
l'ame se laisse incliner par les passions qui naissent de representations
corporeis: ce qui fait le même effect et la même apparence, que si l'un
dependoit de l'autre immediatement, et par le moyen d'une influence physique. Et c'est proprement par ses pensées confuses, que l'ame represente
les corps qui l'environnent.

prästabilierten Harmonie zu benutzen, um den Begriff der menschlichen Willensfreiheit, den er auf der einen Seite hinausgewiesen hat, auf der anderen, freilich in veränderter Gestalt, wiedereinzuführen. Er sagt nämlich Théod. II § 63 Gerh. VI, 137: „Et bien loin que cela (principe de l'Harmonie) fasse prejudice à la liberté, rien n'y sauroit être plus favorable" und § 64: „D'ailleurs tout ce qui passe dans l'ame ne dependant que d'elle, selon ce systeme, et son état suivant ne venant que d'elle et de son état present, comment luy peut on donner une plus grande independance?¹)".

Unserem Philosophen erscheint demnach, wie uns Allen, solange wir uns von tieferem Denken fernhalten, recht eigentlich nur derjenige als unfrei, der von physischen, materiell wirkenden Ursachen beeinflusst wird²), wobei die Nötigung von innen heraus durch reproducierte Vorstellungen und die ganze von uns selbst nur

---

1) Vgl. Théod. II, 377 Gerh. VI, 339; Lettre V à Clarke § 6 Gerh. VII, 390. Manuscript gegen Bayle, Gerh. III, 36: Nec divina pracordinatio libertati obstat.

2) Denn Leibniz sagt: Aristote a déjà bien remarqué que pour appeler les actions libres, nous demandons non seulement qu'elles soyent spontanées, mais encore qu'elles soyent deliberées. N. E. II Ch. 21 § 9, Gerh. V, 161; ebenso Manuscript gegen Bayle, Gerh. III, 36: Libertas voluntatis consistit tum in eo ut sponte, tum ut deliberato agamus. Vgl. K Fischer, Geschichte der neueren Philosophie Bd. II, 518: „Die menschliche Freiheit besteht (nach Leibniz) darin, dass nicht fremde Gewalt unseren Willen zwingt, sondern seine eigene Neigung ihn leitet". Kant, Kr. der reinen Vernunft, Auflösung der kosmolog. Ideen: „Die Freiheit im prakt. Verstande ist die Unabhängigkeit der Willkür von der Nötigung durch Antriebe der Sinnlichkeit". Schopenhauer, Freiheit des Willens I, 1a: „Denn sobald ein animalisches Wesen nur aus seinem Willen handelt, ist es in dieser Bedeutung (phys. Bed. des Begr. der Freiheit) frei: wobei keine Rücksicht darauf genommen wird, was etwa auf seinen Willen selbst Einfluss haben mag. Denn nur auf das Können d. h. eben auf die Abwesenheit physischer Hindernisse seiner Aktionen, bezieht sich der Begriff der Freiheit in dieser seiner ursprünglichen, unmittelbaren und daher populären Bedeutung".

zum Teil gekannte Beschaffenheit unseres Bewusstseins[1] ausser Acht gelassen oder wesentlich als Freiheit empfunden wird. Indem nun Leibniz zufolge seiner prästabilierten Harmonie jeden Einfluss der materiellen Welt auf die Geistessubstanz leugnete und durch eine immanente, die Bewegungen der Körperwelt gerade so und nicht anders wiederspiegelnde Folge von Vorstellungen der Seelen ersetzte, konnte er glauben, gerade für diesen Begriff der Freiheit oder Spontaneität[2], den scheinbarsten Anhalt gewonnen zu haben.

Auch für die göttliche Erhaltung oder fortgehende Schöpfung in dem unmittelbaren stetigen Einfluss endlich, wie ihn die Abhängigheit der Geschöpfe nicht nur dem Sein der Substanz, sondern auch der Thätigkeit nach verlangt[3]), weiss Leibniz den strengen Determinismus fern-zuhalten und den Freiheitsbegriff in einer durch das moralische Gefühl geforderten Weise in Wirksamkeit zu setzen. Gott ist zwar die unmittelbar mitwirkende Ursache des thätigen Seins der Geschöpfe, aber doch bringt er beständig nur dasjenige in ihnen hervor, was positiv, gut und vollkommen ist. Daneben aber handelt das Geschöpf, und zwar völlig unabhängig von Gottes Mitwirkung, in allen Handlungen, die man als Modifikationen der aus der eigenen Substanz des Geschöpfes sich unmittelbar und

---

1) Théod. II, 403 Gerh. VI, 357 : Mais il est impossible que l'ame puisse connaitre distinctement toute sa nature, et s'appercevoir comment ce nombre innombrable de petites perceptions, entassées ou plustost concentrées ensemble, s'y forme. N. E. Ch. 21 § 13, Gerh. V, 164: nous sommes aussi peu capables de nous appercevoir de tout le jeu de nostre esprit et de ses pensées, le plus souvent imperceptibles et confuses.

2) Lettre à Coste, Gerh. III, 403 : nous sommes toujours dans une parfaite spontanéité, et ce qu'on attribue aux impressions des choses externes, ne vient que des perceptions confuses en nous, qui y repondent, et qui ne pouvoient point manquer de nous estre données d'abord en vertu de l'Harmonie préétablie, qui fait le rapport de chaque substance à toutes les autres.

3) Théod. II, 27 Gerh. VI, 119 (s. S. 12, Anm. I).

notwendig ergebenden Schranken und Unvollkommenheiten
auffassen kann, also innerhalb der Sphäre der Privation
und Negation „le mal est une privation de l'être; au lieu
que l'action de Dieu va au positif[1]". So soll, wenn wir
Leibniz' Intentionen recht verstehen, die Urheberschaft des
moralischen Übels von Gott hinweggenommen und die
Verantwortlichkeit des Menschen gerettet werden.

Bis hierher haben wir das in Leibniz' Werken vor-
gefundene widerspruchsvolle Material zur Freiheitslehre
möglichst objektiv darzulegen versucht; nunmehr wird die
Kritik zu untersuchen haben, ob diese Lehre Leibniz' von
der menschlichen Wahlfreiheit mit seinem gesamten philosophischen System überhaupt im Einklang steht und von
dem augenblicklichen Standpunkte der auf die deterministischen und psychologischen Fragen bezüglichen
Forschung aus als haltbar betrachtet werden darf.

---

1) Théod. II, 29 Gerh. VI, 119. Vgl. Théod. II, 30 Gerh. VI, 120;
Théod. II, 31 Gerh. VI, 121: Et lorsqu'on dit que la creature depend de Dieu
en tant qu'elle est, et tant qu'elle agit, et même que la conservation est une
creation continuelle; c'est que Dieu donne toujours à la creature, et
produit continuellement ce qu'il y a en elle de positif, de bon et de
parfait, tout don parfait venant du père des lumieres: au lieu que les
imperfections et les defauts des operatious viennent de la limitation
originale. Théod. II, 32 Gerh. VI, 121: l'action de la creature est une modi-
fication de la substance qui en coule naturellement, et qui renferme une
variation non seulement dans les perfections que Dieu a communiquées à
la creature, mais encore dans les limitations qu'elle y apporte d'elle même,
pour être ce qu'elle est. Causa Dei § 69 Gerh. VI, 440 respondendum est
scilicet, nihil quidem perfectionis et relationis pure positivae esse in creaturis
earumque actibus bonis malisque, quod non Deo debeatur; sed imperfectionem
actus in privatione consistere, et oriri ab originali limitatione creaturarum,
quam iam in statu possibilitatis .... habent ex essentia sua: nam quod
limitatione careret, non creatura sed Deus foret. Théod. II, 153, 167, 377/8
Gerh. VI, 201, 209, 339, 40. Monad. § 42 Gerh. VI, 613.

Als Hauptsatz Leibniz' für das Kapitel der menschlichen Wahlfreiheit kann wohl die Formel: Der Wille folgt stets dem stärksten Motiv "le choix suit la plus grande inclination" [1]) betrachtet und demgemäss vorangestellt werden. Dieser Satz ergiebt sich als eine notwendige Folge aus dem von unserem Philosophen so stark betonten Prinzip des zureichenden Grundes. Jedes Ding hat seine Ursache, also auch unsere Willensentschlüsse, die, im Falle, dass zu gleicher Zeit mehrere Impulse auf uns einwirken, naturgemäss dem stärksten folgen werden. Massgebend für die Stärke eines Motivs ist aber die in demselben liegende Vorstellung des Gutes: „jamais la volonté n'est portée à agir, que par la representation du bien" [2]), mag dieses Gut nun je nach unserer jeweiligen Einsicht ein wirkliches oder scheinbares, von ewiger oder zeitlicher Dauer sein [3]). Und indem Leibniz es unzweideutig ausspricht, dass das endgültig wirksame Motiv stets von dem stärksten angenehmen Gefühlston oder der Empfindung der grössten Lust

---

1) Lettre à Coste. Gerb. III. 401. Ebenso Lettre à Clarke § 4 Gerb. VII. 389 tout esprit suit l'inclination la plus grande.

2) Théod. II. 45 Gerb. VI. 128. Ebenso heisst es N. E. II Ch 21 § 35. Gerb. V, 170: c'est le bien et le plus grand bien qui determine la volonté: ibid. 171: la volonté suit le plus grand bien.

3) Lettre à Clarke § 8 Gerh. VII. 390. N. E. II Ch. 21 § 35, Gerb. V, 172: Ainsi si nous préferons le pire, c'est que nous sentons le bien qu'il renferme, sans sentir ny le mal qu'il y a, ny le bien qui est dans le parti contraire. Nous supposons ou croyons, que le plus grand bien est dans le meilleur parti ou le plus grand mal dans l'autre. Théod. II, 33. Gerb. VI, 122: La volonté tend au bien en général: elle doit aller vers la perfection qui nous c nvient, et la supreme perfection est en Dieu. Tous les plaisirs ont en eux mêmes quelque sentiment de perfection; mais lorsqu'on se borne aux plaisirs des sens ou à d'autres, au prejudice de plus grands biens, comme de la santé, de la vertu, de l'union avec Dieu, de la félicité, c'est dans cette privation d'une tendence ulterieure que le defaut consiste. Vgl. Livre de l'origine du mal § 2 und § 13, Gerb. VI, 401 u. 413.

begleitet ist[1], steht er durchaus in Übereinstimmung mit der modernen Forschung und Anschauung. Der Einwand, dass das unmittelbare Bewusstsein uns von der Freiheit des Wollens in evidentester Weise überzeuge, ist längst zerstört worden[2]), und Leibniz selbst hat hiergegen ein treffliches Argument ins Feld geführt. Aber die von Leibniz gegen die Aussage des Bewusstseins geführte Argumentation ist unvollständig, denn das unmittelbare Bewusstsein täuscht aus mehr als einem Grunde. Es ist seitens der empirisch-psychologischen Forschung der Gegenwart zunächst bis zur völligen Evidenz erwiesen worden, dass uns die in uns stattfindenden Vorgänge zwar als Thatsachen der unmittelbaren Erfahrung gegeben sind, dass es aber ein vergebliches Mühen ist, sie im Augenblick ihres Entstehens zu Objekten der Beobachtung machen zu wollen[3]). Der Mensch vermag sich nicht in dem Masse

---

1) N. E. II Ch. 21 § 46, Gerh. V, 130: Le bien est ce qui sert ou contribue au plaisir, comme le mal ce qui contribue à la douleur. Vgl. Lettre à Coste, Gerh. III, 402: Lorsque l'homme choisit, ce sera le parti qui l'aura frappé le plus. S'il choisit ce qu'il voit moins utile et moins agreable d'ailleurs, il luy sera devenu peutestre le plus agreable par caprice, par un esprit de contradiction, et par des raisons semblables d'un goust depravé, qui ne laisseront pas d'estre des raisons determinantes, quand même ce ne sauroient pas des raisons concluantes. Et on ne trouvera jamais aucun exemple contraire.

2) So sagt z B. Wundt, Grundzüge der physiologischen Psychologie, Leipzig 1880, Bd. II, S. 400: „In Wahrheit besteht jenes Freiheitsbewusstsein nur in der Vorstellung, dass für den Willen statt des gegebenen ein anderer Impuls hätte entscheidend werden können, eine Vorstellung, die man mit ebenso vielem Rechte für die Determination benutzen könnte".

3) Lotze sagt in seinen „Grundzügen der Psychologie" zum Schluss: „Es ist nicht wahr, dass wir in unserer Selbstbeobachtung die zwingenden Gründe für alle unsere Handlungen finden. Sehr häufig finden wir gar nichts". Vgl. Brentano, Psychologie vom empirischen Standpunkte, Leipzig 1874, Bd. I, S. 35: „Die innere Wahrnehmung hat das Eigentümliche, dass sie eine innere Beobachtung werden kann. Gegenstände, die man, wie man zu sagen pflegt, äusserlich wahrnimmt, kann man beobachten; man wendet, um die Erscheinung genau aufzufassen, ihr seine volle Aufmerksamkeit zu. Bei Gegenständen, die man innerlich wahrnimmt,

objektiv zu werden, dass er, aus seiner Subjektivität völlig
heraustretend, sein unmittelbares Vorstellen und Begehren
zum Gegenstande seiner Betrachtung machte. Sein schein-
bar objektives Beobachten würde sogleich wieder zu einem
neuen Faktor der Subjektivität werden und das psychologische Resultat ändern. So sind wir also für die Erklärung unserer inneren Vorgänge immer nur auf die Erinnerung angewiesen, und diese kann aus vielen Gründen
irreführen. Einmal ist wohl jede Erinnerung mehr oder
minder lückenhaft; Motive, die vor Zeiten bei Entstehung
dieser oder jener Handlungsweise von entscheidendem
Einfluss waren, sind in unserer Einnerung verblasst, und
so vermag schon aus diesem einfachsten Grunde die Illusion
des unmotivierten, grundlosen Handelns zu entstehen.
Hierzu gesellen sich aber noch andere diese Täuschung
veranlassende Gründe. Der Freiheitsbegriff ist vielfach,
ja man kann sagen meistenteils, eine durch die Induktion
aus früheren Erfahrungen gewonnene Überzeugung, die
aber, weil sie ein wichtiges Moment ausser Rechnung
lässt, eben deshalb als falsch und irreführend bezeichnet
werden muss. Wir machen oft die Erfahrung, dass die
Menschen und speziell auch wir selbst in Fällen gleicher
Veranlassung ungleich reagieren. Hieraus abstrahieren wir
dann vermittelst unbewusster Induktion den Begriff des
grundlosen Entschliessens oder der Freiheit[1]). Dabei wird
dann aber der Umstand übersehen, dass zur Entstehung
einer Handlung mindestens zwei Ursachen nötig sind, die

---

ist dies aber vollständig unmöglich. Dies ist insbesondere bei gewissen
psychischen Phänomenen, wie z. B. beim Zorn unverkennbar. Denn wer
den Zorn, der in ihm glüht, beobachten wollte, bei dem wäre er bereits
abgekühlt und der Gegenstand der Beobachtung verschwunden. Dieselbe
Unmöglichkeit besteht aber auch in allen anderen Fällen. Es ist ein allgemein gültiges Gesetz, dass wir niemals den Gegenständen innerer Wahrnehmung unsere Aufmerksamkeit zuzuwenden vermögen".

1) Vgl. Feuerbach: „Gottheit, Freiheit und Unsterblichkeit vom
Standpunkt der Anthropologie." Leipzig 1866, S. 88 und 89.

bestimmende Kraft A und die so und nicht anders ge-
artete Receptionsfähigkeit des B, auf welches A ein-
wirkt. Als das gleiche Motiv im ersteren Falle von
bestimmender Wirkung auf uns war, waren wir selbst
eben infolge unserer ganzen Lebenslage, unseres ganzen
alle bis dahin percipierten Eindrücke in sich schliessenden
Bewusstseinsinhaltes gerade für dieses Motiv receptiv ge-
stimmt. Später hatte sich unsere gesamte Bewusstseinsqualität verändert, und das Motiv, das früher das Endresultat
unseres Wollens gezeitigt hatte, musste nun seinen Einfluss an
andere, unserem veränderten inneren Gesamtzustande ange-
passte Motive abgeben. Hier setzt auch Leibniz' sehr wirksame Kritik gegen die Selbstaussage des Bewusstseins ein.
Das Bewusstsein gelangt, so meint Leibniz, zur Illusion der
Freiheit, weil es die in uns liegenden und als Motive
wirkenden unendlich kleinen Vorstellungen ausser Acht
lässt. In der That ist hiermit nichts anderes ausgesprochen,
als dass bei dem Zustandekommen eines Entschlusses stets
als hervorragender Faktor unsere, eine Menge unendlich
kleiner und damit meist unbemerkbarer Vorstellungen in
sich enthaltende Bewusstseinsqualität in Rechnung gezogen
werden muss[1]). Diese Theorie der dunklen oder unbewussten Vorstellungen hat seitdem an Geltung nichts verloren. Freilich hat die moderne Psychologie nicht gerade
die einmal von uns percipierten Eindrücke selbst erhalten
wissen wollen, sondern nur ihren dauernden Einfluss
in sogenannter funktioneller Disposition des Geistes kon-
statieren zu müssen geglaubt. Abgesehen aber davon,
dass diese Änderung im Hinblick auf das psychologische

---

1) Vgl. Citate S. 16 Anm. 2 und N. E. II Ch. 21 § 13, Gerh. V, 164: Et
si nous ne remarquons pas tousjours la raison qui nous determine ou
plustost par laquelle nous nous determinons, c'est que nous sommes aussi
peu capables de nous appercevoir de tout le jeu de nostre esprit et de ses
pensées, le plus souvent imperceptibles et confuses, que nous sommes de
demeler toutes les machines que la nature fait jouer dans le corps; ibid.
§ 39, Gerh. V, 178. Théod. II, 403 Gerh. VI, 357.

Endresultat unwesentlich erscheint, wird man doch vielleicht
mit Leibniz konsequenter verfahren, wenn man die einmal
percipierten Eindrücke selbst in minimaler und minimalster
Form als fortbestehend annimmt. Denn es giebt zufolge
des im Bereiche des äusseren wie inneren Sinnes anerkannten Kausalitätsgesetzes keinen zureichenden Grund für
das Verschwinden der einmal zum Ausdruck gelangten
geistigen Bewegung. So hat also Leibniz der Theorie des
Determinismus in mehr indirekter und negativer Weise
durch Entkräftung der Einwände der Gegner, freilich aber
zugleich auch durch die positive Aufstellung eines psychologischen Grundgesetzes einen ausserordentlich wichtigen
Dienst geleistet. Dennoch aber will er aus den sittlich-
theologischen Grundvoraussetzungen seines Systems heraus
nicht Determinist in der allgemein gültigen Bedeutung
dieses Wortes sein, sondern versucht, dem Freiheitsbegriff
sein Recht zu wahren. Daher macht Leibniz die Unterscheidung jener doppelten Art der Notwendigkeit, der
metaphysischen oder unbedingten und der hypothetischen
oder moralischen, von denen jene durch den Satz des
Widerspruchs oder der Identität, diese durch den Satz
des zureichenden Grundes bedingt sein soll. Nur die
erstere Notwendigkeit ist wahrhaft als solche zu bezeichnen.
A ist A und kann nicht non A sein. Der Begriff des A
schliesst die Existenz und sogar die Denkbarkeit des
Gegenteils aus. Anders verhält es sich mit der aus dem
Satz des zureichenden Grundes folgenden hypothetischen
Notwendigkeit. Das hypothetisch Notwendige ist zufällig,
da sein Gegenteil möglich ist, und dieser Zufälligkeit entspricht eben, auf das Gebiet der menschlichen Handlungen
angewandt, der Begriff der Freiheit[1]).

---

1) Remarques sur le livre de l'origine du mal § 14 Gerh. VI,
413/14: on confond une consequence necessaire par une necessité absolue,
dont le contraire implique contradiction, avec une consequence qui n'est
fondée que sur des verités de convenance, et qui ne laisse pas de reussir,
c'est à dire qu' on confond ce qui depend du principe de contradiction,

Es fragt sich nun zunächst, ob Leibniz das Kausalitätsgesetz nur für Gott aufgehoben wissen will bei dessen Entschlusse, die beste aller Welten ins Dasein zu setzen, oder auch für die einzelnen Handlungen der Menschen. Zunächst heftet er sich an den ersteren Punkt. Gottes Güte und Weisheit wählten die bestehende Welt und liessen sie vermöge seiner Macht mit allen ihren bis aufs kleinste vorgesehenen Einzelheiten ins Leben treten. Aber in dem Bereiche idealer Möglichkeit lagen für Gott noch unzählige andere Welten beschlossen, die daher ebenso existenzmöglich erscheinen.

Hierauf lässt sich nun zunächst erwidern, dass eine solche Möglichkeit doch wohl unter der Voraussetzung der höchsten Güte und Weisheit Gottes nicht zugegeben werden darf. Es hiesse Gottes eigenstes Wesen vernichten, wollte man annehmen, dass er jemals anders als dieser höchsten Güte und Weisheit entsprechend hätte handeln können. Die ihm via eminentiae zugeschriebenen Eigenschaften postulieren in unabänderlicher und unbezweifelbarer Weise gerade die bestehende als die beste aller Welten und lassen für ihn keine andere Wahl übrig. Wollte man aber auch zugeben, dass das Prinzip des zureichenden Grundes für Gott keine unbedingte Gültigkeit habe und keine absolute Notwendigkeit enthalte, so wird man dies doch nach der einmal vollzogenen Wahl des Schöpfers nicht auch für das

---

qui fait les verités necessaires et indispensables, avec ce qui depend du principe de la Raison suffisaute, qui a lieu encore dans les Verités contingentes. Vgl. Lettre à Coste 2. Abschnitt Gerh. III, 400: Une verité est necessaire, lorsque l'opposé implique contradiction; et quand elle n'est point necessaire, on l'appelle contingente; u. 4. Abschnitt Gerh. VII, 400/1: Cependant quoique to s les faits de l'univers soyent maintenant certains par rapport à Dieu, ou (ce que revient à la même chose) determinés en eux mêmes et même liés entre eux, il ne s'ensuit point que leur liaison soit toujours d'une veritable necessité, c'est à dire, que la verité, qui prononce qu'un fait suit de l'autre, soit necessaire. Et c'est ce qu'il faut appliquer particulierement aux Actions Volontaires.

Leiden und Handeln der Geschöpfe zugeben dürfen. Gott hat die Welt, so wie sie ist, nun doch einmal gewählt, und damit ist die unabänderliche Determiniertheit alles Geschehens ausgesprochen[1]. Hier den Begriff der Freiheit noch in Anwendung bringen, hiesse denselben verkehren. Mag immerhin von der moralischen Freiheit, wie sie für Gott vor seiner Wahl der bestehenden Welt existierte, gesprochen werden: für die Geschöpfe hat sie jedenfalls nach vollzogener Wahl ihre Geltung verloren. Hier heisst es. Notwendigkeit, absolute und unbedingte Notwendigkeit und nicht bloss Zufälligkeit oder gar Freiheit anerkennen.

Aber auch noch von einer anderen Seite aus vermag die Kritik den von Leibniz eingeführten Begriff der hypothetischen Notwendigkeit zu zerstören. Notwendigkeit und Folge aus gegebener Ursache, noch einmal, sind Wechselbegriffe. Im Begriff der Ursache für eine bestimmte Sache liegt die Ausschliessung jeder anderen entgegengesetzten Wirkung. Die Möglichkeit. dass eine gegebene Ursache eine andere als die bestimmte Wirkung erzeuge, besteht nur, solange wir den festen Kausalitätszusammenhang zwischen zwei succedierenden Erscheinungen nicht durch Induktion aus der Erfahrung kennen gelernt haben. Ist aber diese Kenntnis einmal gewonnen, so hört die Möglichkeit, dass auf A nicht B sondern statt dessen C folge, realiter auf, wenn auch im Gebiete des reinen Denkens der entgegengesetzte Erfolg als widerspruchslos und daher als idealiter möglich erscheint[2]. „Möglichkeit“

---

1) Vgl. lettre à Coste, Gerh. III, 400: mais dès qu'il a choisi, il faut avouer, que tout est compris dans son choix, et que rien ne sauroit estre changé, puisqu'il a tout prévu et réglé une fois pour toutes, lui qui ne sauroit régler les choses par lambeaux et à baston rompu.

2) Vgl. Schopenhauer, Kritik der Kantischen Philosophie: „Die Möglichkeit ist nur im Gebiete der Reflexion und für die Vernunft da, das Wirkliche im Gebiete der Anschauung und für den Verstand, das Notwendige für beide. Sogar ist eigentlich der Unterschied zwischen not-

ist eben ein rein auf die Sphäre des Erkennens beschränkter Begriff, für den in der realen Welt kein Platz ist. Hier ist eben alles wirklich und bei dem einmal vorausgesetzten Kausalitätsgesetz notwendig. Eine hypothetische Notwendigkeit existiert eben deshalb nicht; für sie giebt es in der realen Welt keinen Raum. So ist der ganze Versuch Leibniz', dem Begriff der Freiheit durch Unterscheidung einer unbedingten oder absoluten und hypothetischen Notwendigkeit eine Zufluchtsstätte zu ermitteln, als durchaus verfehlt zu betrachten.

Nicht anders verhält es sich mit den Versuchen unseres Philosophen, der von Seiten der prästabilierten Harmonie her gegebenen Nötigung zur deterministischen Theorie durch nachträgliche Korrektur der ursprünglichen Grundannahmen zu entgehen. An unzähligen Stellen seiner Schriften hat Leibniz es aufs unzweideutigste ausgesprochen, dass der gesamte Vorstellungsverlauf der Monaden von Gott auf unabänderliche Weise gemäss seiner Wahl der besten aller Welten bedingt sei. Nachher aber, als er den geistigen Substanzen ihre Freiheit retten wollte, lässt er es den Anschein gewinnen, als ob nur die Körperwelt in ihren mechanischen Bewegungsgesetzen den Vorstellungen der Geisterwelt angepasst wäre. So erscheint das Handeln der Geister als frei und unbedingt und nur dasjenige der Körper, wenn anders man hier überhaupt von Handeln reden kann, als durch Gott unabänderlich bestimmt[1]).

wendig, wirklich und möglich nur in abstracto und dem Begriffe nach vorhanden; in der realen Welt hingegen fallen alle drei in Eins zusammen. Denn Alles, was geschieht, geschieht notwendig, weil es aus Ursachen geschieht, die aber selbst wieder Ursachen haben; so dass sämtliche Hergänge der Welt, grosse wie kleine, eine strenge Verkettung des notwendig Eintretenden sind". Vgl. auch Feuerbach, a. a. O., S. 90 u. 91.

1) Lettre V à Clarke § 124. Gerh VII, 419: Les forces naturelles des Corps sont toujours soumises aux lois mécaniques et les forces naturelles des esprits sont toutes soumises aux lois morales. Les premières suivent l'ordre des causes efficientes; et les secondes suivent l'ordre des causes finales. Les premières opèrent sans liberté, comme une montre; les secondes sont exercées avec liberté. Ebenso heisst es § 92, Gerh. VII, 412. Vgl. Briefwechsel zwischen Leibniz und Lady Masham,

Hiergegen lassen sich aber, wie bereits angedeutet, zunächst zahlreiche, das Gegenteil aufs deutlichste beweisende Stellen der Leibniz'schen Schriften selbst anführen, und sogar die Sätze, welche, wie eben angegeben, von Leibniz für die Freiheit der Seele in diesem Sinne aufgestellt sind, sprechen in ihrem Schluss mehrmals das Gegenteil der voraufgehenden Behauptung aus [1]). „Prästabilierte Harmonie" bedeutet nicht bloss einseitige Determination der Körperwelt, sondern die wechselseitige In - Übereinstimmung - Setzung der geistigen und körperlichen, der Vorstellungs- und Bewegungsphänomene. Wie der Körper dem Geist, so ist auch dieser jenem in der durch Gottes unabänderlichen Entschluss zum Dasein gerufenen Welt bis auf die kleinste Übereinstimmung hinab angepasst „il y a tousjours une exacte correspondance entre le corps et l'ame[2])" Determiniertheit der Körper und Determiniertheit der Geister sind gemäss der höchsten Schöpfungsursache völlig gleichwertige Begriffe[3]), und nur der Wunsch, aus ethischen Rücksichten den menschlichen Willen als unmotiviert und bedingungslos handelnden aufzufassen, hat die einseitige Bevorzugung der Determiniertheit der Körperwelt bei Leibniz verursacht

---

Gerh III, 340: Car nous experimentons que les corps agissent entre eux suivant les lois mechaniques, et que les Ames produisent en elles mêmes quelques actions internes; und lettre à Sophie Charlotte, reine de Prusse, Gerh. III, 347.

1) Denn im Brief an Clarke § 124, Gerh.VII,419 heisst es weiter: quoiqu' elles s'accordent exactement avec cette espèce de montre, qu' une autre cause libre, supérieure, a accommodée avec elle par avance; ebenso § 92.

2) N. E. II, Ch. 1 § 15, Gerh. V, 106   Vgl. Monad. § 56, 62, 63 78, 87, Gerh. VI, 616, 617, 618; Th. II, 62. 74. Gerh. VI, 136/37. Principes de la nature et de la grace § 3, Gerh. VI, 599.

3) Lettre à Arnauld, Gerh. II, 136 : l'union de l'ame avec le corps, et même l'operation d'une substance sur l'autre, ne consiste que dans ce parfait accord mutuel, establi exprès par l'ordre de la première création, en vertu duquel chaque substance, suivant ses propres loix, se rencontre dans ce que demandent les autres.

Ausserdem lässt sich hiergegen aus den eigensten
Voraussetzungen des metaphysischen Systems Leibniz'
heraus noch ein anderer starker Einwand geltend machen.
Giebt es denn überhaupt nach Leibniz'schen Prinzipien
eine real existierende Körperwelt? Alles ist doch nach
ihm beseelt „toute la nature est pleine de vie" [1]), alles besteht aus geistigen Krafteinheiten „tout l'univers des
creatures ne consiste qu'en substances simples ou Monades,
et en leurs assemblages" [2]), die infolge einer Reihe fort-
laufender Strebungen den in ihnen prädestinierten Vorstellungsverlauf zur Entwicklung bringen. In solche ein-
heitliche, kraftbegabte Monaden lässt sich jeder Körper
zerlegen, und von dem wirklich Materiellen bleibt in der
That bei näherer Betrachtung kein reeller Bestandteil
zurück. Dies beweist unwiderlegbar schon der Anfang der
Monadologie Gerh. VI. 607, § 1: La Monade, dont nous
parlerons icy, n'est autre chose, qu'une substance simple,
qui entre dans les composés; simple c'est à dire sans
parties. § 2: Et il faut qu'il y ait des substances simples,
puisqu'il y a des composés; car le composé n'est autre
chose, qu'un amas, ou aggregatum des simples. § 3:
Et ces Monades sont les veritables Atomes de la
Nature, et en un mot les Elemens des choses [3]).
Die ganze Materie und somit jeder Körper ist nur eine

---

1) Principes de la nature et de la grace § 1, Gerh. VI, 598.
2) Lettre à Remond, Gerh. III. 622.
3) Vgl. Monad. § 18, 19, 66, 69, 70, Gerh. VI, 609, 610, 618, 619.
Lettre à Arnauld, Gerh. II, 135: Le corps est un aggregé des substances.
Principes de la nature et de la grace § 1, Gerh. VI, 598: La substance
est un être capable d'action. Elle est simple ou composée. La Substance
simple est celle qui n'a point de parties. La composée est l'assemblage
des substances simples, ou des Monades. Monas est un mot Grec, qui
signifie l'Unité, ou ce qui est un. Les composés, ou les corps, sont des
multitudes: et les substances simples, les vies, les ames, les esprits, sont
des unités. Et il faut bien qu' il y ait des substances simples partout,
parceque sans les simples il n'y auroit point de composés; et par conse-
quent toute la nature est pleine de vie.

Erscheinung in der verworrenen Vorstellung „un phenomene bien fondé dans les perceptions des substances
simples ¹)“, er ist nichts als die von den Seelensubstanzen
percipierte Form des räumlich Koexistierenden. Wie soll
diese Körperliche da noch den Vorstellungen der
dominierenden Seele angepasst sein, wo es, im Grunde
genommen, gar nicht existiert? Hier liegt eine bis auf die
Grundwurzel des Leibniz'schen System zurückgehende
Inkonsequenz vor, die nicht scharf genug als solche betont
werden kann, eine Inkonsequenz, die ihre Erklärung nur darin
findet, dass in das erst mit der Ausbildung des Monaden-
begriffs abgeschlossene System noch ein Rest der älteren
Vorstellung des Philosophen von der Natur des Körperlichen
hinüberragt. Leibniz ist nach den ersten Voraussetzungen
seines Systems Idealist. Die objektive, reale Welt ist
weiter nichts als eine von einem bestimmten Standpunkte
aus von der Einzelsubstanz percipierte Vorstellung.
Praktische, von aussen hergeholte Konsequenzen aber
nötigten ihn, auch dem Realismus einen gewissen Spiel-
raum zu vergönnen, und so kam er dazu, in ältere, in seine
eigenen früheren Vorstellungen zurückfallend, von dem
Angepasstsein einer real existierenden Körperwelt zu reden.
In Wirklichkeit giebt es für ihn nichts als eine in ihrem
auf einander bezogenen Vorstellungsinhalt unabänderlich
prädestinierte Geisterwelt.

Ist es Leibniz so nicht gelungen, der ihm von Seiten
der prästabilierten Harmonie aufgezwungenen Nötigung zum
Determinismus zu entgehen, so vermag er dies noch viel
weniger bei seiner Theorie der causes inclinantes und
nécessitantes. Wir deuteten bereits oben an, dass sich
wohl diese Theorie mit höchster, fast an Sicherheit

---

1) Lettre à Remond, Gerh. III, 623; ibid. 636: La matière elle
même n'est autre chose qu'un phenomene, mais bien fondé, resultant des
monades. Théod. II, 66; Gerh. VI, 139: c'est proprement par ses pensées
confuses, que l'ame represente les corps qui l'environnent.

grenzender Wahrscheinlichkeit auf eine psychologische
Täuschung Leibniz' zurückführen lässt, die der durch die
Selbstaussage des unmittelbaren Bewusstseins überhaupt
veranlassten gleicht. Wäre der Wille immer eindeutig
determiniert, wirkte immer nur Ein Motiv mit ausschliess-
lich zwingender Gewalt auf uns ein, so würden wir zu
diesem täuschenden Bewusstsein überhaupt nicht kommen.
Indem unsere Erinnerung uns aber die Einwirkung
mehrerer, wenn auch machtlos gebliebener Motive auf-
weist, gelangen wir zu der Illusion, dass auch das den
endgültigen Entschluss zeitigende Motiv nur inclinierend,
nicht necessitierend gewirkt habe. Bei den andern war
dies in der That der Fall: sie haben versucht, die
ihnen innewohnende Kraft ausschlaggebend zur Geltung
zu bringen. ohne dass ihnen dies gelungen wäre.
Das siegende Motiv aber, die Resultante aller wider-
streitenden Strebungen wirkte mit unabänderlicher Notwendigkeit. Nur gerade die Erinnerung, dass unsere Seele
eine Zeit lang den Wahlplatz für mehrere oder viele sich
gegenseitig bekämpfende Impulse hergegeben hat, erweckt
den Schein, als ob keines derselben unwiderstehlich
nötigende Gewalt besessen habe [1]). Wir befinden uns im
Hinblick auf die zur blossen Inclination gelangten Motive
in der trugvollen Überzeugung, als hätten wir auch anders
wählen können, als wir in der That gewählt haben, ohne
zu bedenken, dass das stärkste Motiv, wenn es anders die
That erzeugen konnte, über den blossen Anreiz hinweg zur
Fähigkeit und Wirksamkeit einer determinierenden Kraft

---

1) Schopenhauer sagt zutreffend in seiner Abhandlung „Die Welt
als Wille und Vorstellung" IV § 55: „Der Mensch hat eine Wahlent-
scheidung vor dem Tiere voraus, die ihn aber nur zum Kampfplatz
des Konflikts der Motive macht, ohne ihn ihrer Herrschaft zu entziehen,
und daher zwar die Möglichkeit der vollkommenen Äusserung des individuellen Charakters bedingt, keineswegs aber als Freiheit des einzelnen
Wollens d. h. Unabhängigkeit vom Gesetze der Kausalität anzusehen ist,
dessen Notwendigkeit sich über den Menschen wie über jede andere
Erscheinung erstreckt".

gelangt sein muss[1]). Leibniz also, der im anderen Falle
die Täuschung des unmittelbaren Selbstbewusstseins sehr
gut zu widerlegen wusste, ist derselben dennoch verfallen.
Im übrigen hat, wie wir sahen, unser Philosoph, ohne den
sicher zu erratenden psychologischen Ursprung seiner
Theorie der causes inclinantes und nécessitantes durch-
blicken zu lassen, diese nämliche Theorie in den engsten
Zusammenhang mit seiner Unterscheidung der absoluten
und hypothetischen Notwendigkeit zu bringen versucht[2]).
Die blosse Hinneigung gleicht der hypothetischen, und der
Zwang oder die Nötigung der metaphysisch-absoluten
Notwendigkeit. Fällt daher diese Unterscheidung, so muss
auch die damit in Verbindung gesetzte Theorie der
doppelten Ursachen fallen. Ursache ist, um hiermit diesen
Punkt abzuschliessen, Ursache. Wird sie wirklich, was
doch für Leibniz nach seinem Prinzip des zureichenden
Grundes eigentlich unanfechtbar ist, als solche gesetzt, so
muss sie auch mit zwingender Gewalt die entsprechende
Wirkung zeitigen und darf nicht als blosse Inclination
betrachtet werden.

Wir wenden uns nun schliesslich noch zu dem Aus-
kunftsmittel unseres Philosophen, die fortdauernde Schöpfung
Gottes als eine blosse Hervorbringung des in unseren

---

1) Wundt behauptet ausdrücklich in seinen „Grundzügen der physiol.
Psychol". Bd. II, S. 396: „Sogar das Schwanken vor dem Eintritt der
Willensentscheidung zeigt nur, dass in vielen Fällen der Wille unter der
gleichzeitigen Wirkung mehrerer psychologischer Ursachen steht, die denselben nach verschiedenen Richtungen zu ziehen streben. Wenn nicht
solche Ursachen auf den Willen einwirkten, so könnte ja ein Schwanken
überhaupt nicht stattfinden. Und wenn der Wille schliesslich einer Ursache nachgiebt, so beweist dies, dass diese eine Ursache die stärkste
Wirkung ausgeübt hat". Vgl. Feuerbach, „Gott. Freiheit, Unsterblichkeit"
§ 5 und 6, S. 75/6 und 81 2.

2) Vgl. Manuscript gegen Bayle, Gerh. III, 36: Libertas voluntatis
consistit tum in eo ut sponte, tum ut deliberato agamus, nec necessitemur
ad decernendum, sed tantum inclinemur. — Et licet necesse sit evenire,
quae Deus praevidet, haec tamen necessitas, cum nonnisi hypothetica sit,
contingentiam et libertatem non tollit.

Handlungen enthaltenen „Realen und Positiven" aufzufassen. Was heisst denn real und positiv? Beides sind aus unserem Gefühlsleben abstrahierte Begriffe. Was einer gewissen Gefühlsintensität entspricht, ist real und positiv zugleich. Die Handlung des Mörders, der hinterlistig zum Zwecke des Raubes einen vorüberziehenden Wanderer tötet, ist ebenso als etwas Reales aufzufassen, wie irgend welche Handlung des edelsten Menschenfreundes, und der Schmerz der Wunde wird ebenso positiv empfunden wie die belebende und erfrischende Kraft eines wohlthätigen Heilmittels. „Real und positiv" nur die gute Handlung, und als nicht „real und positiv" das Böse bezeichnen, heisst mit scholastischen Begriffen ein verstecktes Spiel treiben. Ist Gott wirklich die konkurrierende, d. h. in jedem einzelnen Falle einwirkende Ursache unserer Handlungen, so wird man ihm eine Mitwirkung bei unserem bösen Handeln nicht absprechen können.

So hat also Leibniz allen seinen aus deterministischen Voraussetzungen sich ergebenden Folgerungen die Spitze wiederum abzubrechen versucht. Mit welchem Erfolg oder vielmehr Misserfolg, hat die bisher geübte Kritik bereits gelehrt. Die Versöhnung zwischen dem durch das stärkste Motiv bestimmten Willen oder der von Gott genau prästabilierten Harmonie und seiner konkurrierenden Mitwirkung einerseits und der Theorie der absoluten Wahlfreiheit oder des Indeterminismus auf der anderen Seite muss nach dem Voraufgehenden als durchaus missglückt betrachtet werden. Auch ist Leibniz sich dieses unaufgelösten Zwiespaltes wohl bewusst gewesen, und er hat daher — was unserer Betrachtung zum Schlusse noch übrig bleibt — den Begriff der Wahl- oder willkürlichen Freiheit, um den es sich in seinem System doch in der That einzig und allein handelt, durch zwei andere Begriffe der Freiheit zu ersetzen und zu verdrängen gesucht. Der erstere dieser Begriffe ist die sogenannte Spontaneität oder das Sich-selbst-Bestimmen und Aus-sich-Heraushandeln.

Wie die Magnetnadel in sich den magnetischen Stoff
birgt, der sie beständig nach Norden richtet, so liegt
auch in der menschlichen Seele das Prinzip für alle ihre
Handlungen, demzufolge dieselbe sich unabhängig von
jedem äusseren Einfluss allein aus sich heraus bestimmt[1].
Leibniz' System lässt für den Begriff äusserer Einwirkung keinen Raum übrig: alles, was geschieht,
vollzieht sich ohne Zuthun materieller Ursachen in den
seelischen Substanzen, in der Geisterwelt selber[2]. Aber
ist dieses Vollziehen, dieses Geschehen wiederum mit
Rückblick auf die eigensten Grundvoraussetzungen des
Leibniz'schen Systems denn in der That als ein spontanes
und damit wirklich freies zu bezeichnen? Bestimmen sich
denn die geistigen Einzelsubstanzen wirklich allein aus
sich heraus, folgen sie den Gesetzen ihrer eigenen Natur?
Nein, die göttliche Substanz hat das gesamte All so und
nicht anders gewollt „Dieu voit tout d'un coup toute la
suite de cet univers, lorsqu'il le choisit"[3]) und der Zusammenklang der unzähligen in den Einzelsubstanzen ab-

---

1) Théod. II, 50, Gerh. VI, 130.

2) Monad. § 7 und 11, Gerh. VI, 606 7 heisst es: Il n'y a pas
moyen aussi d'expliquer, comment une Monade puisse être altérée ou
changée dans son intérieur par quelque autre creature, puisqu'on n'y sauroit rien transposer n'y concevoir en elle aucun mouvement interne, qui
puisse être excité, dirigé, augmenté ou diminué là dedans, comme cela
se peut dans les composés, où il y a de changement entre les parties.
Les Monades n'ont point de fenêtres, par lesquelles quelque chose y puisse
entrer ou sortir. § 11: Il s'ensuit de ce que nous venons de dire, que les changemens naturels des Monades viennent d'un principe interne, puisqu' une
cause externe ne sauroit influer dans son interieur. Ebenso Théod. II, 300,
Ger. VI, 295/6. L'etablissement de ce système montre indutablement, que
dans le cours de la nature chaque substance est la cause unique de toutes
ses actions, et qu'elle est exempte de toute influence physique de toute
autre substance, excepté le concours ordinaire de Dieu. Et c'est ce système qui fait voir que notre spontanéité est vraie et non pas seulement
apparente. Vgl. ferner Théod. II, 301, 323, 396, 400; Gerh. VI, 296. 308.
352, 354.

3) Thod. II, 360, Gerh. VI, 329.

laufenden Vorstellungsreihen ist der Monade ausschliess-
liches Werk. „Une Monade ne sauroit être discernée
d'une autre que par les qualités et actions internes, lesquelles ne peuvent être autre chose que ses perceptions
(c'est à dire, les representations du composé, ou de ce
qui est dehors, dans le simple) et ses appetitions (c'est à
dire ses tendences d'une perception à l'autre)"[1]). Im
Innern der Seelenmonaden vollzieht sich ja alles, und von
aussen kommt nichts hinzu; Innerlichkeit ist also in der
That das Wesen des wirklichen Seins, aber doch nicht
Spontaneität und Freiheit. Kant und, auf diesem fussend,
Schopenhauer haben diesem Begriffe der spontanen Freiheit eine dauerhaftere Grundlage zu geben gewusst, indem
sie den Begriff der alles mit genauester und gründlichster
Voraussicht regelnden Welturleache zunächt eliminierten
und als Ursache des spontanen Verlaufs der Vorstellungen
und Willenshandlungen in uns einen sich selbst setzenden,
ausserzeitlichen, intelligiblen Willen annahmen Folge dieses
ausserzeitlichen Willens soll dann die ursächlich und glied-
weise zusammenhängende Kette der in der Zeit verlaufen-
den Handlungen sein[2]). Hiermit ist nun freilich das
Problem der Wahlfreiheit, wie es der gesunde Menschen-
verstand als in der Zeit und für die Zeit verlaufend fasst,
auch nicht gelöst, sondern nur verschoben, insofern die
Freiheit als zeitlich aufgehoben, ausserzeitlich aber be-
stehend angesehen wird. Aber dem Begriffe der spontanen

---

1) Principes de la nature et de la grace § 2, Gerh. VI, 598; ibid.
§ 3. Lettre à Arnauld, Gerh. II, 136: Que chacune de ces substances con-
tient dans sa nature legem continuationis seriei suarum operationum, et
tout ce qui luy est arrivé et arrivera. Que toutes ses actions viennent de
son propre fonds, excepté la dépendance de Dieu.

2) Siehe Kant „Kritik der reinen Vernunft, Auflösung der kosmo-
logischen Ideen von der Totalität der Ableitung der Weltbegebenheiten
aus ihren Ursachen, und Möglichkeit der Kausalität durch Freiheit in Ver-
einigung mit dem allgemeinen Gesetze der Naturnotwendigkeit". Schopenhauer:
Die Welt als Wille und Vorstellung, Bch. II, § 28 und Bch. IV, § 55.

Freiheit ist doch durch Setzung dieses ausserzeitlich sich selbst bestimmenden Willens ein gewisser Schein von Wahrheit gerettet worden. Anders bei Leibniz. Hier giebt es überhaupt keine, auch nur in der vom Zeitbegriffe ausgeschlossenen Sphäre sich selbst bestimmende Einzelsubstanz. Der Einzelwille verhält sich immer nur leidend und wird als abhängig gesetzt von dem göttlichen Universalwillen. Hier ist also in versteckter Weise dem Begriffe der wirklichen Spontaneität derjenige der blossen Innerlichkeit substituiert. Nur innerlich allerdings verläuft alles in uns, aber doch nicht kraft Selbstbestimmung unseres Innern, sondern als von aussen her in uns hineingelegt.

Nicht anders verhält es sich endlich mit der von Leibniz gleichfalls an Stelle der Wahlfreiheit gesetzten moralischen Freiheit. Diese moralische Freiheit ist erstens einmal ein aus der Sphäre des göttlichen Wirkens hergenommener Begriff.[1] Gott hat, entsprechend seiner höchsten Güte, Weisheit und Macht, die beste aller möglichen Welten ins Dasein gerufen, aber seine moralische Freiheit gestattete ihm auch, ebenso gut eine andere Wahl zu treffen Es ist dieser Freiheitsbegriff einfach ein Unding. Da Gott das vollkommenste Wesen, da er nach Leibniz mit den Eigenschaften der Güte, Weisheit und Macht in eminentestem Masse ausgestattet ist, so konnte er nicht anders als gerade diese beste aller Weltmöglichkeiten realisieren. Anderenfalls wäre seiner Vollkommenheit in evidentester Weise Abbruch geschehen und damit der von Leibniz so hoch gehaltene Satz des Widerspruches aufs flagranteste verletzt. Auf das Gebiet des menschlichen Handelns übertragen, bedeutet die moralische Freiheit nach der schwankenden Darstellungsweise Leibniz' einmal nicht anders als die sogenannte hypothetische Freiheit, und dann ist über dieselbe bereits zugleich mit der über letztere

---

1) Vgl. Lettre à Clarke § 7, Gerh, VII, 390.

geübte Kritik der Stab gebrochen worden. Oder aber
moralische Freiheit bedeutet, von welcher Anschauungsweise auch verschiedene Stellen der Leibniz'schen Schriften
Zeugnis ablegen[1]), soviel als durchgehende Determiniertheit des Sittengesetzes oder der Moralgebote. Dann ist
aber der Begriff der Freiheit in durchaus anderem Sinne,
er ist als das blosse Gefühl der Ruhe und Beseligung
durch strenges Gebundensein in und an Gottes Willen zu
fassen und vielmehr für eine deterministische Betrachtungs-
weise zu verwerten. „Wahlfreiheit" ist hier durch einen
Begriff ersetzt, der mit der ersteren in der That so gut
wie nichts zu thun hat. So müssen auch die von Leibniz
zur Rettung der Freiheit ins Feld geführten Begriffe der
Spontaneität und der moralischen Freiheit als durchaus
verfehlt abgelehnt werden.

Wir sind am Ende unserer kritischen Erörterungen
angelangt und sehen ein, dass die Unsicherheit in der
Leibniz'schen Theorie von der Willensfreiheit vor allem
dadurch entstanden ist, dass er Begriffen, die in der Philosophie
längst eine bestimmte Prägung erhalten hatten, eine neue
Bedeutung gab; deshalb ist es möglich, ihn zugleich als
Deterministen und als Indeterministen hinzustellen. Heute
hat das Problem eine ganz andere Wendung erhalten:
die Frage, die wir heute stellen, lautet: fallen die geistigen
Vorgänge, die sich in einem Individuum abspielen, ebenfalls unter das Gesetz der Kausalität in dem mechanischen
Naturverlauf, oder ist es dem Menschen vergönnt, aus
diesem bloss mechanischen Zusammenhang des Naturver-
laufs vermöge seiner Intellektualität hinauszutreten? Wir

---

1) Vgl. Lettre à Clarke § 3, 7, 9, Gerh. VII, 389/90. Lettre à Coste,
Gerh. III, 400/1. Vgl. auch Leibniz' Brief an die Königin Sophie Charlotte
vom Jahre 1704, Gerh. III, 347. Lettre à Arnauld, Gerh. II, 136.

fragen also nicht mehr: geschehen unsere Willensakte will-
kürlich oder nach Motiven, sondern: ragt die Willens-
thätigkeit des Menschen über den allgemeinen Kausalzu-
sammenhang hinaus, oder sind auch die geistigen Vorgänge
dem Kausalitätsgesetz unterworfen? An die Willkürlich-
keit unserer Willenshandlungen glaubt heute im Ernst wohl
niemand mehr. Es ist unzweifelhaft, dass wir in allen
unseren Handlungen durch ausschlaggebende Motive be·
stimmt werden, gerade so wie bei mechanischen, chemischen
und physiologischen Vorgängen stets ein notwendiger Zusammenhang zwischen der Wirkung und zureichenden Ursache gegeben ist. Eben diese Analogie führt uns sofort
noch einen Schritt weiter. Überall in dem Bereiche des
natürlichen Geschehens differenzieren sich die Wirkungen
je nach der Beschaffenheit dessen, worauf gewirkt wird.
So und nicht anders ist es auch auf dem Gebiete der
menschlichen Willensbestimmungen. Die wirkenden Motive
tragen ebenfalls ihre Wirkungskraft nicht objektiv in sich,
sondern erhalten dieselbe erst durch die Individualität des
einzelnen Menschen und wirken auf verschiedene Menschen
verschieden. „Es muss“, sagt Wundt in seiner physiologischen Psychologie, „das ganze Gewicht der durch Er-
ziehung, Lebensschicksale und angeborene Eigenschaften
ausgeprägten Persönlichkeit des Wollenden, die wir als
seinen Charakter bezeichnen, in Rechnung gezogen werden.
Was den Menschen vor den äusseren Motiven determiniert,
ist der Charakter[1]“. Es kommt also bei der Willensentscheidung des Menschen vor allem sein Charakter in Be-
tracht, der je nach seinen guten oder schlechten Eigenschaften, die teils angeboren, teils anerzogen oder ange-
nommen sind, den guten oder den schlechten Motiven den
Vorrang giebt. Die Moralstatistik bestätigt auch, „dass in
einem bestimmten Zustand einer grösseren Gesellschaft von
Menschen sowohl die äusseren Motive wie die inneren Be-
stimmungsgründe des Charakters in konstanter Grösse

---

1) Wundt: „Grundzüge der physiol. Psychologie“ Bd. II, S. 396.

fortwirken[1]". Nicht aber ist aus der Moralstatistik eine
unabänderliche Reagenz des Willens auf gegebene Ursachen zu schliessen, vielmehr bestimmt sich stets der Mensch
aus seinem Charakter, aus sich selbst heraus, indem er
äussere Motive gegenseitig abwägen und dabei sein sitt-
liches Urteil als Motiv mit in die Wagschale werfen kann.
Dieses Sich-selbst-Bestimmen ist wirklich Spontaneität und
Freiheit des Menschen zu nennen, und daher sind wir
allerdings für alle unsere Handlungen verantwortlich und
dürfen nicht in fatalistischer Gesinnung der Entwicklung
der Dinge freien Lauf lassen.

---

[1] Wundt: „Grundzüge der physiol. Psychologie" Bd. II, S. 397.

Vita.

Natus sum Albertus Eugenius Arthurus Nithack Berolini Kalendis Januariis anni huius saeculi LXII patre Alberto matre Lina e gente Krenke, quos parentes carissimos nonnullis ante annis morte mihi iam ereptos lugeo et maereo. Fidem profiteor evangelicam. Primis litterarum elementis in schola reali imbutus gymnasium Friderico-Werderense Berolini frequentavi, unde Idibus Martiis a. h. s. LXXXIV maturitatis testimonio instructus studiorum causa ad universitatem litterarum transmigravi. Atque amor meus rerum divinarum animusque pius a puero mihi insiti et parentium cura confirmati tantum valuerunt, ut studiis imprimis theologicis laeto animo ac parato me dederem. Quamquam autem quin scholis philosophicis adessem et operam navarem, facere non potui. Atque per novem studiorum semestria Berolini et Halis theologiae et philosophiae professores scholas habentes audivi hos:

Beyschlag, Deussen, Deutsch, Dillmann, Dilthey, Döring, Erdmann, von der Goltz, Haym, Hering, Kaftan, Kleinert, Köstlin, Lommatzsch, Paulsen, Pfleiderer, Riehm†, Scherer†, Semisch†, Steinmeyer, Strack, Stumpf, von Treitschke, Vaihinger, Weiss, Zeller.

Ut societatibus et exercitationibus suis interessem, benigne concesserunt: Deutsch. von der Goltz, Kleinert, Semisch, Stumpf.

Quibus omnibus viris illustrissimis, quod benevoli studiorum meorum fautores fuerint, gratiam habeo maximam. Imprimis autem Haym, viro illi clarissimo summisque honoribus ornatissimo, quantam debeam gratiam, numquam obliviscar.

Anno h. s. undenonagesimo examen pro licentia con-
cionandi Berolini sustinui. Anno XC in seminario prae-
ceptorum oppidi Oranienburgiensis ad institutiones scholarum
optimamque docendi methodum cognoscendas moratus et
versatus sum. Anno vero insequenti filias scholae ordinis
superioris linguam germanicam aliquamdiu docui. Tum
autem anno XCII in schola reali oppidi, quod Lauter-
berg am Harz appellatur, disciplinae rerum divinarum
praeceptor fui usque ad mensem eiusdem anni Octobrem,
quo mense a consistorio provinciae Brandenburgiensis in
oppidum, cui nomen est Freienwalde a O., vicarius
missus sum.